Tendance recettes

MW01715572

foie gras

& *amuse-gueule*

ARTÉMIS ÉDITIONS

foie gras
& amuse-gueule

➤ Un foie gras pèse environ de 400 à 500 g, il doit être d'un beige rosé et ferme sous le doigt.

➤ Les foies sont classés en plusieurs catégories : qualité extra-A, qualité extra-B, première qualité, deuxième qualité, troisième qualité. Méfiez-vous des foies marqués « TV » (tout venant) sur les étiquettes. Réservez les foies de deuxième et de troisième qualités aux préparations qui les mêlent à d'autres aliments, car leur qualité est médiocre.

➤ Pour « dénerver » un foie correctement et afin de le rendre plus souple, faites-le tremper dans de l'eau froide pendant deux heures. Lorsque vous enlevez les nerfs, ne craignez pas de l'abîmer, il se ressoudera lors de la cuisson.

P : temps de préparation. C : temps de cuisson.
M : temps de macération. R : temps de repos.

SOMMAIRE

allumettes *au fromage*

P : 10 min
C : 15 min
➤ Page 4

bouchées de Saint-Jacques *au lard*

P : 20 min
C : 5 + 10 min
➤ Page 6

brochettes *périgourdines*

P : 20 min
C : 10 min
➤ Page 8

calamar géant *en persillade*

P : 20 min
C : 2 + 15 min
➤ Page 10

club sandwich *au chèvre frais*

P : 40 min
➤ Page 12

cocktail de crevettes *et fèves, crème fleurette*

P : 30 min
C : 4 + 2 min
➤ Page 14

cocktail de melon *et de tomates*

P : 30 min
C : 2 + 2 min
➤ Page 16

cornets californiens

P : 1 h
R : 20 min
C : 30 min
➤ Page 18

coupe surprise

P : 30 min
C : 20 min
➤ Page 20

fajitas

P : 5 min
C : 5 min
➤ Page 22

feuilles de brick *au saumon et au fromage blanc*

P : 15 min
C : 10 min
➤ Page 24

foie gras poêlé *aux épices*

P : 20 min
C : 20 + 5 min
➤ Page 26

foie gras chaud *et chutney de banane*

P : 30 min
R : 24 h
C : 1 h
➤ Page 28

foie gras en torchon *citron vert et salade thaï*

P : 40 min
M : 24 h
R : 24 h
C : 30 min
➤ Page 30

foie gras en torchon *confiture de figues et citron*

P : 45 min
M : 24 h
R : 24 h
C : 30 + 30 min
➤ Page 32

foie gras poêlé *au curry et petits légumes croquants*

P : 30 min
C : 20 min
➤ Page 34

foie gras poêlé *et choux*

P : 10 min
C : 15 + 2 min
➤ Page 36

foie gras poché *et langoustines poêlées*

P : 1 h
C : 15 + 5 min
➤ Page 38

kefta de gambas

P : 30 min
C : 10 min
➤ Page 40

omelette des artistes

P : 10 min
C : 15 + 5 min
➤ Page 42

mini-brochettes de poulet *à l'aigre-doux*

P : 30 min
M : 30 min
C : 10 min
➤ Page 44

parmentier de foie gras

P : 15 min
C : 1 h
+ 5 min
➤ Page 46

pressé de jarret *au foie gras*

P : 1 h
R : 24 h
C : 3 h
➤ Page 48

râble de lièvre *en crépinette et foie gras*

P : 1 h
C : 2 h 10
➤ Page 50

ravioles de foie gras *et bouillon de volaille*

P : 45 min
C : 6 min
➤ Page 52

strates de poireau *et de chorizo*

P : 1 h
C : 45 min
➤ Page 54

suprême de poulet *au lard et au foie gras*

P : 30 min
C : 20 min
➤ Page 56

tartines à l'ail

P : 5 min
C : 30 min
➤ Page 58

terrine de foie gras *aux figues*

P : 30 min
M : 24 h
R : 24 h
C : 30 min
➤ Page 60

terrine de foie gras *et pieds de porc*

P : 45 min
M : 24 h
R : 24 h
C : 30 min
➤ Page 62

allumettes *au fromage*

[Pour 4 personnes]

facile **cuisson : 15 min** **préparation : 10 min**

ingrédients

- 1 rouleau de pâte feuilletée
- 50 g de gruyère râpé
- 20 g de parmesan râpé
- 1 cuillère à café de cumin en poudre
- 1 cuillère à café de paprika
- 1 jaune d'œuf
- 1 cuillère à soupe de graines de sésame

préparation

1 Étalez la pâte sur une surface farinée.

2 Battez l'œuf dans un bol et, avec l'aide d'un pinceau, badigeonnez-en la pâte feuilletée.

3 Couvrez la pâte de gruyère et de parmesan, saupoudrez de paprika, de cumin et de graines de sésame, puis appuyez bien avec la paume de votre main pour faire adhérer la garniture.

4 Coupez la pâte en rectangles de 1 cm x 8 cm et disposez-les sur une plaque allant au four. Il faut bien espacer les lanières de pâte, car elles gonflent pendant la cuisson.

5 Faites cuire de 20 à 30 min dans un four chaud à 180 °C (thermostat 5), puis dégustez.

bouchées de saint-jacques *au lard*

[Pour 4 personnes]

facile **cuisson : 5 + 10 min** **préparation : 20 min**

ingrédients

- 4 noix de Saint-Jacques
- 1 pomme de terre à chair ferme ('Charlotte')
- 4 tranches de lard fumé
- 50 g beurre
- 4 branches de persil
- 1 gousse d'ail

préparation

1. **Épluchez la pomme de terre** et coupez 4 rondelles de 4 à 5 mm d'épaisseur.

2. **Poêlez les tranches** de pomme de terre pendant 5 minutes.

3. **Entourez les noix** de Saint-Jacques de lard, puis faites-les poêler 5 min.

4. **Faites fondre** le beurre à feu doux. Écrasez la gousse d'ail et ajoutez-la au beurre.

5. **Hachez finement** le persil et ajoutez-le au beurre.

6. **Placez les tranches** de pomme de terre sur une feuille de papier sulfurisé, posez dessus une noix de Saint-Jacques, et faites chauffez sous le gril du four pendant 1 à 2 min pour les tiédir.

7. **Servez en arrosant** les noix de Saint-Jacques du beurre chaud.

brochettes *périgourdines*

[Pour 4 personnes]

facile **cuisson : 10 min** **préparation : 20 min**

ingrédients

- 4 figues
- 4 tranches de jambon cru
- 300 g de foie gras de canard ou d'oie
- 8 piques en bois
- 16 tranches de magret de canard fumé
- 1 cuillère à soupe d'huile d'olive
- Herbes de Provence
- Le jus d'un demi-citron
- 1 cuillère à soupe de miel

préparation

1. **Coupez les figues** en quartiers.
2. **Coupez les tranches** de jambon en quatre.
3. **Coupez le foie gras** en 16 cubes.
4. **Enroulez un quartier** de figue avec une tranche de jambon.
5. **Enroulez le magret** autour du foie gras.
6. **Enfilez sur chaque pique** deux quartiers de figues et deux cubes de foie gras.
7. **Dans un plat,** mélangez le miel, le jus de citron, l'huile d'olive et les herbes de Provence.
8. **Faites mariner** les brochettes dans ce mélange pendant 15 min.
9. **Faites griller** rapidement 1 à 2 minutes sur un gril très chaud ou dans une poêle.

calamar géant *en persillade*

[Pour 4 personnes]

facile **cuisson : 2 + 15 min** **préparation : 20 min**

ingrédients

- 150 g de lanières de calamar géant
- 3 gousses d'ail
- 4 branches de persil plat
- 2,5 cl de pastis
- 2 cuillères à soupe d'huile d'olive

préparation

1. COUPEZ LES LANIÈRES de calamar en tronçons de 5 mm d'épaisseur.
2. HACHEZ L'AIL et le persil.
3. PLONGEZ LES LANIÈRES dans un grand volume d'eau bouillante pendant 2 min, égouttez puis laissez refroidir.
4. DANS UNE GRANDE POÊLE, versez l'huile d'olive et faites bien colorer le calamar.
5. FLAMBEZ AVEC LE PASTIS, ajoutez la persillade et continuez la cuisson en remuant bien pendant 2 min.

club sandwich
au chèvre frais

[Pour 4 personnes]

facile — **préparation : 40 min**

ingrédients

- 8 tranches de pain de mie
- 100 g de chèvre frais
- 1 cuillère à soupe d'huile d'olive
- 2 grosses feuilles de basilic
- 1/2 concombre
- 16 olives noires dénoyautées
- 8 tomates cerises
- 16 piques en bois

préparation

1. **Coupez le basilic** en fines lanières, puis mélangez-le dans un bol avec le chèvre frais et ajoutez l'huile d'olive.
2. **Coupez le concombre** en fines tranches.
3. **Coupez les tomates** cerises en deux.
4. **Tartinez 4 tranches** de pain de mie avec le chèvre frais au basilic.
5. **Posez par-dessus** les tranches de concombres, et placez une autre tranche de pain par-dessus.
6. **Avec un couteau** à scie, supprimez la croûte des tranches de pain de mie, puis coupez-les en quatre carrés.
7. **Piquez une demi-tomate** cerise et une olive sur chaque pique en bois, et plantez sur chaque carré de pain de mie.

cocktail de crevettes
et fèves, crème fleurette

[Pour 4 personnes]

facile **cuisson : 4 + 2 min** **préparation : 30 min**

ingrédients

- 100 g de crevettes cuites
- 1 gousse d'ail
- 5 cl de pastis
- 2 cuillères à soupe d'huile d'olive
- 1 pincée de cumin en poudre
- Le jus d'un demi-citron
- 10 cl de crème liquide
- 1 pincée de graines de cumin
- 100 g de fèves écossées
- Sel, poivre du moulin

préparation

1 FAITES CUIRE les fèves 4 min dans une grande quantité d'eau salée, puis égouttez-les et rafraîchissez-les.

2 DÉCORTIQUEZ LES CREVETTES, puis dans une poêle avec 1 cuillère à soupe d'huile d'olive, faites-les sauter avec une gousse d'ail haché pendant 2 min. Ajoutez le pastis en fin de cuisson et laissez refroidir.

3 FOUETTEZ LA CRÈME comme une chantilly, puis ajoutez le jus de citron et les graines de cumin. Réservez au frais.

4 COUPEZ LES CREVETTES en rondelles.

5 ASSAISONNER LES FÈVES avec 1 cuillère à soupe d'huile d'olive, le cumin en poudre, du sel et du poivre.

6 DANS QUATRE VERRES à whisky, répartissez les fèves, placez au-dessus les crevettes, et finissez avec une couche de crème fleurette à la poche à douille ou à la cuillère.

cocktail de melon *et de tomates*

[Pour 4 personnes]

facile	cuisson : 2 + 2 min	préparation : 30 min

ingrédients

- 1/2 melon
- 1 tranche de jambon de Parme
- 2 tomates
- 2 feuilles de basilic
- 50 g de copeaux de parmesan
- 2 cuillères à soupe d'huile d'olive

préparation

1. **Incisez la peau** des tomates en croix, plongez-les dans l'eau bouillante pendant 2 min, puis pelez-les. Coupez-les ensuite en deux, ôtez les pépins et détaillez la chair en dés.
2. **Épépinez le melon** puis détaillez la chair en cubes.
3. **Coupez le jambon** de Parme en fines lamelles.
4. **Coupez le basilic** en fines lanières.
5. **Dans une poêle** avec l'huile d'olive, faites revenir le melon et les tomates pendant 2 min. Ajoutez le basilic en fin de cuisson.
6. **Passez au mixeur** et laisser refroidir au réfrigérateur.
7. **Dans un verre à vodka,** remplissez aux deux tiers de soupe de melon et parsemez de jambon et de copeaux de parmesan.

cornets californiens

[Pour 4 personnes]

assez facile
cuisson : 30 min
préparation : 1 h
repos : 20 min

ingrédients

- 100 g de riz thaï
- 2 feuilles de nori
- 1 tube de wasabi
- 2 cuillères à soupe de vinaigre de vin blanc
- 1/2 cuillère à café de sel marin
- 1/2 cuillère à soupe de sucre en poudre
- 15 cl de sauce soja
- 8 gambas
- 8 brins de ciboulette
- 1/2 concombre
- 1 boîte de foie de morue

préparation

1. **Décortiquez les gambas** et plongez-les dans un grand volume d'eau bouillante pendant 10 secondes. Réservez.

2. **Coupez 8 bâtonnets** de concombre de 8 x 0,5 x 0,5 cm.

3. **Mettez le riz** dans une casserole avec deux fois son volume en eau froide, et faites bouillir 2 min à feu vif. Continuez la cuisson en couvrant le riz et en baissant le feu au minimum. Une fois qu'il n'y a plus d'eau, ôtez du feu et attendez 20 min en laissant le couvercle sur la casserole.

4. **Coupez les brins** de ciboulette en bâtonnets de 8 cm de long. Faites dissoudre le sel et le sucre dans le vinaigre. Coupez les feuilles de nori en quatre avec une paire de ciseaux. Vous devez avoir 8 rectangles.

5. **Égouttez les foies** de morue. Dans un grand saladier, mélangez le riz et le vinaigre.

6. **Placez sur la moitié** de chaque feuille de nori une couche de riz de 8 mm en laissant un espace de 1 cm aux bords. Placez le concombre, la ciboulette, les gambas et le foie de morue en diagonale sur la couche de riz.

7. **Roulez en cornet** et collez les bords de la feuille de nori avec un grain de riz. Servez avec un petit bol de sauce soja et une noix de wasabi.

coupe surprise

[Pour 4 personnes]

facile | **cuisson : 20 min** | **préparation : 30 min**

ingrédients

- 4 tranches de pain de mie
- 1 oignon nouveau
- 4 cuillères à soupe de fromage blanc
- Le jus d'un demi-citron
- 1/2 avocat
- 50 g de cantal râpé
- 1 cuillère a café d'huile d'olive
- 10 olives noires
- 10 tomates cerises

préparation

1. **Supprimez le bord** des tranches de pain de mie.
2. **Tapissez 4 petits moules** à tartelette avec le pain de mie en appuyant bien, et enfournez 20 min au four à 180° (thermostat 5). Le pain de mie doit être doré.
3. **Épluchez et coupez** l'avocat en petits cubes, puis arrosez de jus de citron.
4. **Détaillez l'oignon** en fines lamelles.
5. **Coupez les tomates** cerises en deux.
6. **Hachez les olives.**
7. **Mélangez tous les ingrédients** et assaisonnez, puis garnissez les moules à tartelette et dégustez.

fajitas

[Pour 4 personnes]

facile **cuisson : 5 min** **préparation : 5 min**

ingrédients

- 2 tortillas
- 4 tranches de cheddar
- 50 g de gruyère râpé
- 6 tranches de gros chorizo

préparation

1. **Pliez les tortillas** en deux, et placez dans chacune trois grosses tranches de chorizo, 25 g de gruyère et 2 tranches de cheddar.

2. **Faites chauffer** au four à micro-ondes pendant 1 min à 1 000 W.

3. **Faites ensuite colorer** les tortillas des deux côtés dans une poêle sans matière grasse.

4. **Coupez chaque tortilla** en quatre comme une tarte et dégustez.

feuilles de brick
au saumon et au fromage blanc

[Pour 4 personnes]

facile **cuisson : 10 min** **préparation : 15 min**

ingrédients

- 200 g de saumon
- 2 feuilles de brick
- 4 feuilles d'estragon
- Le zeste d'une demi-orange
- 150 g de fromage blanc
- 1 gousse d'ail
- 1 cuillère a café de graines de cumin
- Sel, poivre du moulin

préparation

1. **COUPEZ LES FEUILLES** de brick en deux.
2. **COUPEZ LE SAUMON** en 4 bâtonnets rectangulaires
3. **MÉLANGEZ LE FROMAGE BLANC,** les graines de cumin et la gousse d'ail écrasée. Salez, poivrez, et réservez au frais.
4. **PLACEZ LE SAUMON** au milieu de la feuille de brick. Salez, poivrez et parsemez de zestes d'orange et d'une feuille d'estragon.
5. **RABATTEZ LES BORDS** vers le centre et roulez.
6. **FAITES CUIRE** dans une friteuse pendant 3 min à 170 °C, ou dans une poêle pendant 5 min.
7. **SERVEZ AVEC LA SAUCE** au fromage blanc.

foie gras poêlé *aux épices*

[Pour 4 personnes]

facile **cuisson : 20 + 5 min** **préparation : 20 min**

ingrédients

- 400 g de foie gras d'oie ou de canard
- 5 tranches de pain d'épices
- 1 cuillère à café de quatre-épices
- 2 cuillères à soupe de miel
- 1 botte de roquette
- 2 cuillères à soupe d'huile de noix
- 1 cuillère à soupe de vinaigre de xérès
- 1 gousse d'ail
- Sel, poivre du moulin

préparation

1. **Coupez une tranche** de pain d'épices en petits cubes et faites-la sécher au four à basse température (environ 100°, thermostat 1) pendant 15 à 20 min.
2. **Une fois sèche,** passez la tranche de pain d'épices au mixeur et réduisez-la en poudre en ajoutant une cuillère à café de quatre-épices.
3. **Poêlez au beurre** les quatre tranches restantes de pain d'épices.
4. **Allumez votre four** en position gril.
5. **Coupez quatre belles tranches** de foie gras d'environ 100 g, salez, poivrez, puis poêlez-les sans matière grasse pendant 30 secondes sur chaque face. Laissez ensuite refroidir environ 5 min.
6. **À l'aide d'un pinceau,** badigeonnez de miel une face des tranches de foie gras, saupoudrez de poudre de pain d'épices et posez-la sur le pain d'épices poêlé.
7. **Faites gratiner** les tranches sous le gril pendant 1 à 2 min.
8. **Servez avec la roquette** assaisonnée de sel et de poivre, d'huile de noix, de vinaigre de xérès et d'une petite pointe d'ail finement haché.

foie gras chaud *et chutney de banane*

[Pour 4 personnes]

facile **préparation : 30 min**
cuisson : 1 h **repos : 24 h**

ingrédients

- 400 g de foie gras d'oie ou de canard
- 1 oignon
- 1 banane
- 25 cl de vinaigre de vin
- 5 graines de coriandre
- 1 cuillère à café de ketchup
- 1 gousse d'ail
- 2 cuillères à café de sauce soja
- Le zeste d'un demi-citron
- 150 g de sucre
- 2 gouttes d'Angostura bitter (ou 1 cuillère à soupe de Grand Marnier)
- 1 cuillère à café de sauce Worcestershire
- Sel, poivre du moulin

préparation

1. **Épluchez l'oignon,** coupez-le en deux, puis émincez-le en fines lamelles. Écrasez la gousse d'ail.

2. **Dans une casserole,** réunissez l'oignon, le zeste et le vinaigre, puis faites bouillir jusqu'à ce que le liquide soit complètement évaporé.

3. **Ajoutez le sucre** et faites cuire jusqu'à l'obtention d'un sirop épais. Ajoutez la banane coupée en rondelles, les graines de coriandre, le ketchup, l'ail, la sauce soja, l'Angostura bitter et la sauce Worcestershire.

4. **Faites cuire** jusqu'à ce que le chutney ait une consistance épaisse (remuez souvent à ce stade, car le chutney a tendance à accrocher).

5. **Assaisonnez le chutney** de manière que le sucre et le sel s'équilibrent, puis mettez au frais pendant 24 heures.

6. **Coupez quatre** belles tranches de foie gras d'environ 100 g, salez, poivrez et faites-les poêler dans une poêle antiadhésive bien chaude sans matière grasse pendant 45 secondes sur chaque face.

7. **Une fois les tranches** de foie gras cuites, videz la poêle de sa graisse et ajoutez le chutney. Faites tiédir et servez avec le foie gras poêlé.

foie gras en torchon, *citron vert et salade thaï*

[Pour 4 personnes]

facile **cuisson : 30 min** **préparation : 40 min**
marinade : 24 h **repos : 24 h**

ingrédients

- 400 g de foie gras d'oie ou de canard
- 5 cl de Bailey
- 5 cl de cognac
- 6 branches de coriandre
- 1/2 concombre
- 10 tomates cerises
- 1 citron vert
- 2 cuillères à soupe de lait de coco
- 1/2 noix de coco
- 20 g de cacahuètes
- 1 cuillère a café de miel
- 2 ou 3 gouttes d'huile de graines de sésame grillées
- Sel, poivre du moulin

préparation

1. **Coupez le foie gras** en deux dans le sens de la longueur et dénervez-le. Salez et poivrez généreusement, puis laissez mariner avec le Bailey et le cognac 24 heures au réfrigérateur. Étalez un rectangle de film alimentaire sur le plan de travail et posez au centre le foie gras sorti 30 min à l'avance à température ambiante.

2. **Façonnez le foie gras** en une bande rectangulaire et homogène, puis entourez-le de film alimentaire en veillant bien à ce qu'il n'y est pas d'air. Entourez-le de papier aluminium et fermez hermétiquement les bords

3. **Portez une marmite d'eau** à ébullition. Plongez le foie gras dedans et arrêter le feu. Quand l'eau a refroidi, retirez le foie gras et placez-le au réfrigérateur pendant 24 heures.

4. **Lavez et coupez** en deux les tomates cerises. Épluchez la noix de coco et tranchez-la en fines lamelles. Hachez la coriandre.

5. **Épluchez le concombre** et ôtez les graines avec une petite cuillère. Coupez-le ensuite en deux dans le sens de la longueur, puis détaillez-le en lamelles

6. **Faites des zestes** avec la moitié du citron vert, et pressez le jus. Hachez les cacahuètes. Mélangez le miel, le jus de citron vert, les tomates, le lait et la noix de coco.

7. **Tranchez le foie gras** et servez-le avec la salade saupoudrée de cacahuètes.

foie gras en torchon, *confiture de figues et citron*

[Pour 4 personnes]

facile **cuisson : 30 + 30 min** **préparation : 45 min**
marinade : 24 h **repos : 24 h**

ingrédients

- 400 g de foie gras d'oie ou de canard
- 5 cl de Grand Marnier
- 5 cl de vin blanc sec
- 1/2 citron
- 10 cl d'eau
- 150 g de figues fraîches
- 100 g de sucre en poudre
- Sel, poivre du moulin

préparation

1. **Coupez le foie gras** en deux dans le sens de la longueur et dénervez-le. Salez et poivrez généreusement, puis laissez mariner avec le vin blanc et le Grand Marnier pendant 24 heures au réfrigérateur.

2. **Coupez le citron** en cubes et mixez-les avec le sucre et l'eau. Réduisez la préparation en pulpe et réservez au frais pendant 24 heures. Coupez les figues en quartiers

3. **Étalez un rectangle** de film alimentaire sur le plan de travail et posez au centre le foie gras sorti 30 min à l'avance à température ambiante.

4. **Façonnez le foie gras** en une bande rectangulaire et homogène, puis entourez-le de film alimentaire en veillant bien à ce qu'il n'y est pas d'air. Entourez-le de papier aluminium et fermez hermétiquement les bords

5. **Portez une marmite d'eau** à ébullition. Plongez le foie gras dedans et arrêter le feu. Quand l'eau a refroidi, retirez le foie gras et placez-le au réfrigérateur pendant 24 heures.

6. **Faites bouillir** le mélange citron et sucre 5 min dans une casserole. Ajoutez les figues et assaisonnez de 3 ou 4 tours de moulin à poivre. Continuez la cuisson pendant 30 min puis retirez du feu et placez au réfrigérateur pendant 24 heures.

7. **Tranchez le foie gras** et servez avec la confiture.

foie gras poêlé
au curry et petits légumes croquants

[Pour 4 personnes]

facile — **cuisson : 20 min** — **préparation : 30 min**

ingrédients

- 400 g de foie gras d'oie ou de canard
- 50 g de pois mange-tout
- 1 carotte
- 50 g de petits pois
- 50 g de fèves épluchées
- 4 champignons noirs
- 100 g de pousses de soja
- 1/2 botte de cive
- 2 cuillères à soupe d'huile d'olive
- 1 cuillère à café de curry en poudre
- Sel, poivre du moulin

préparation

1. **Lavez les légumes,** épluchez la carotte et coupez-la en fines rondelles.
2. **Faites tremper** les champignons dans de l'eau tiède pendant une demi-heure, puis coupez-les en fines lanières.
3. **Coupez les cives** en bâtonnets de 5 cm
4. **Dans une grande poêle** avec l'huile d'olive bien chaude, faites cuire les légumes pendant 2 à 3 minutes à feu vif. Salez et poivrez, puis ajoutez une demi-cuillère à café de curry.
5. **Coupez quatre belles tranches** de foie gras d'environ 100 g, salez, poivrez, saupoudrez du curry restant et poêlez dans une poêle antiadhésive bien chaude sans matière grasse pendant 45 secondes sur chaque face.
6. **Servez** avec les légumes.

foie gras poêlé *et choux*

[Pour 4 personnes]

facile **cuisson : 15 + 2 min** **préparation : 10 min**

ingrédients

- 400 g de foie gras d'oie ou de canard
- 1 petit chou frisé
- Fond de volaille
- 100 g de lard fumé

préparation

1 **ENLEVEZ LES FEUILLES** vertes du chou et choisissez 8 belles feuilles entières.

2 **DANS UN GRAND VOLUME** d'eau bouillante salée, plongez les feuilles de choux pendant 2 min, puis égouttez-les.

3 **COUPEZ LE LARD** en cubes et faites-le revenir dans une poêle.

4 **DÉLAYEZ LE FOND** de volaille dans de l'eau comme indiqué sur le paquet, puis ajoutez le lard. Portez à ébullition, ajoutez les feuilles de choux et laissez cuire 15 min.

5 **ÉGOUTTEZ LES FEUILLES** de choux et le lard. Retirez les côtes des feuilles de choux.

6 **COUPEZ QUATRE BELLES** tranches de foie gras d'environ 100 g, salez, poivrez et poêlez dans une poêle antiadhésive bien chaude sans matière grasse pendant 45 secondes sur chaque face.

7 **PLACEZ LE CHOU** et le lard sur une assiette, puis le foie gras par-dessus.

foie gras poché
et langoustines poêlées

[Pour 4 personnes]

facile **cuisson : 45 + 5 min** **préparation : 1 h**

ingrédients

- 400 g de foie gras d'oie ou de canard
- Mesclun ou mélange de salade
- 20 langoustines
- 1 cuillère à soupe de concentré de tomates
- 1 branche d'estragon
- Thym
- Laurier
- 1 carotte
- 1 litre d'eau
- 1/2 verre de vin blanc
- 1 oignon
- 1 tomate
- 5 cl de cognac
- Sel, poivre du moulin

préparation

1. **Décortiquez les langoustines** et réservez les têtes et les queues.
2. **Épluchez l'oignon** et la carotte, puis coupez-les en gros dés que vous faites revenir dans une grande casserole avec les carcasses de langoustines pendant 10 min. Avec un rouleau à pâtisserie, écrasez bien les têtes des langoustines.
3. **Flambez le tout** avec le cognac, ajoutez le vin blanc, 1 litre d'eau, l'estragon, le thym le laurier, la tomate coupée en quartiers et le concentré de tomates. Faites cuire jusqu'à ce qu'il ne reste plus qu'un quart du liquide.
4. **Passez le fond** de langoustines dans une passoire en appuyant bien sur les carcasses pour en extraire le maximum de jus. Rectifiez l'assaisonnement.
5. **Coupez le foie gras** en quatre tranches de 100 g et pochez-les dans le fond de langoustines.
6. **Salez et poivrez** les langoustines puis poêlez-les 4 min.
7. **Sur la salade** de mesclun assaisonnée d'une vinaigrette, posez le foie gras et disposez autour les langoustines. Faites un cordon de jus de cuisson autour de l'assiette et servez.

kefta de gambas

[Pour 4 personnes]

facile	cuisson : 10 min	préparation : 30 min

ingrédients

- 500 g de gambas
- 8 piques en bois
- 4 branches de coriandre
- 3 feuilles de menthe
- 5 branches de persil plat
- 1 échalote
- 1 pincée de cumin en poudre
- Sel, poivre du moulin

préparation

1 **Décortiquez les gambas,** puis hachez-les.

2 **Hachez les herbes** et l'échalote.

3 **Mélangez tous les ingrédients,** salez, poivrez, puis divisez le mélange en huit portions et faites des boulettes.

4 **Passez une pique** dans toutes les boulettes, et avec une main légèrement mouillée, appuyez sur la boulette pour la faire adhérer à la pique et lui donner une forme d'olive.

5 **Dans une poêle** antiadhésive avec de l'huile d'arachide, faites poêler les keftas à feu moyen.

omelette des artistes

[Pour 4 personnes]

facile **cuisson : 15 + 5 min** **préparation : 10 min**

ingrédients

- 12 œufs
- 400 g de foie gras d'oie ou de canard
- 500 g de cèpes
- Persil
- 1 gousse d'ail
- Mesclun
- Sel, poivre du moulin

préparation

1. NETTOYEZ LES CÈPES à l'aide d'un torchon humide et ôtez la terre du pied à l'aide d'un petit couteau. Coupez en petits cubes et faites sauter dans une poêle avec de l'huile jusqu'à ce qu'ils soient bien dorés.

2. HACHEZ LE PERSIL et l'ail.

3. CASSEZ LES ŒUFS dans un bol et battez-les avec une fourchette. Salez et poivrez.

4. DANS UNE GRANDE POÊLE antiadhésive, faites revenir les cèpes dans le beurre avec le persil et l'ail pendant 1 min.

5. AJOUTEZ LES ŒUFS et, avec l'aide d'une fourchette, remuez votre mélange jusqu'à ce que l'omelette ait pris la consistance que vous aimez (bien cuite, baveuse). Maintenez sur le feu 20 secondes, puis roulez-la.

6. COUPEZ QUATRE BELLES TRANCHES de foie gras d'environ 100 g, salez, poivrez et poêlez dans une poêle antiadhésive bien chaude sans matière grasse pendant 45 secondes sur chaque face.

7. PLACEZ LE FOIE GRAS sur l'omelette et servez avec le mesclun assaisonné d'une vinaigrette.

mini-brochettes de poulet *à l'aigre-doux*

[Pour 4 personnes]

facile
marinade : 30 min
préparation : 30 min
cuisson : 10 min

ingrédients

- 2 blancs de poulet
- 5 feuilles de menthe
- 50 g de gingembre frais
- 10 cl de sauce soja
- 3 cuillères à soupe de miel
- 2 gousses d'ail
- 1 échalotte
- 16 piques en bois
- 1 pincée de piment de Cayenne en poudre
- 1 cuillère à soupe de graines de sésame

préparation

1. COUPEZ LES BLANCS de poulet en petits cubes.
2. COUPEZ LES FEUILLES de menthe en fines lanières.
3. PASSEZ AU MIXEUR la sauce soja, l'ail, le miel, l'échalote, le piment de Cayenne et le gingembre frais.
4. FAITES MARINER 30 min les dés de poulet dans ce mélange avant de les embrocher 3 par 3 sur les piques.
5. FAITES CUIRE dans une grande poêle antiadhésive ou au gril pendant 10 min, en les retournant de temps en temps.
6. SAUPOUDREZ DE MENTHE ciselée et de graines de sésame.

parmentier de foie gras

[Pour 4 personnes]

facile **cuisson : 1 h + 5 min** **préparation : 15 min**

ingrédients

- 400 g de foie gras d'oie ou de canard
- 10 branches de persil plat
- 1 gousse d'ail
- 4 cuillères à soupe d'huile de noisette
- 10 cl de crème fraîche
- 800 g de pommes de terre
- 200 g de pousses d'épinard
- 100 g de cresson
- Sel, poivre du moulin

préparation

1 **ÉPLUCHEZ ET COUPEZ** les pommes de terre en gros cubes. Dans une cocotte en fonte, mettez l'huile de noisette et les pommes de terre, puis faites cuire à feu vif pendant 5 min. Baissez le feu et laissez cuire 1 heure à couvert.

2 **HACHER FINEMENT** le persil et l'ail.

3 **LAVEZ LE CRESSON** et coupez-le en lanières. Lavez les pousses d'épinard.

4 **UNE FOIS LES POMMES DE TERRE** cuites, ajouter l'ail, le persil, le cresson et la crème. Salez, poivrez, mélangez bien et laissez reposer 10 min hors du feu avec le couvercle.

5 **ÉCRASEZ LES POMMES DE TERRE** en une purée grossière avec une fourchette.

6 **COUPEZ 8 TRANCHES** de foie gras d'environs 50 g, salez, poivrez, puis poêlez dans une poêle antiadhésive bien chaude sans matière grasse pendant 45 secondes sur chaque face.

7 **METTEZ UNE CUILLÈRE** à soupe de purée sur une assiette, posez une tranche de foie gras par-dessus, et finissez avec la purée. Disposez autour les pousses d'épinards assaisonnées avec une vinaigrette.

pressé de jarret *au foie gras*

[Pour 4 personnes]

facile | **préparation : 1 h**
cuisson : 3 h | **repos : 24 h**

ingrédients

- 1 jarret de porc demi-sel
- 150 g de foie gras d'oie ou de canard
- 1 carotte
- 1 oignon
- 6 brins de ciboulette hachés
- 6 branches de coriandre hachées
- 5 cl pineau des Charentes
- Sel, poivre du moulin

préparation

1. **Épluchez la carotte** et l'oignon, placez-les dans une marmite avec le jarret, couvrez d'eau, portez à ébullition et laissez frémir pendant 3 heures.

2. **Sortez le jarret** et réservez l'eau de cuisson. Enlevez la peau délicatement et réservez-la. Détachez la chair de l'os en ne gardant que le maigre. Cette opération doit se faire quand le jarret est encore chaud.

3. **Avec une fourchette,** écrasez la chair du jarret, assaisonnez-la, ajoutez le pineau des Charentes, ainsi que la ciboulette et la coriandre hachées.

4. **Coupez la peau** du jarret en deux et enlevez le plus de gras possible avec un couteau.

5. **Dans une terrine,** placez une moitié de peau côté couenne vers le bas et recouvrez d'une couche de chair.

6. **Assaisonnez le foie gras** et formez un boudin de la longueur de la terrine. Placez-le au milieu de la terrine et recouvrez du restant de la chair. Tassez bien et recouvrez avec l'autre moitié de la peau côté couenne vers le haut.

7. **Versez le bouillon** chaud de cuisson du jarret sur la terrine pour qu'il recouvre celle-ci et mettez au réfrigérateur pendant 24 heures.

râble de lièvre *en crépinette et foie gras*

[Pour 4 personnes]

facile **cuisson : 2 h 10 min** **préparation : 1 h**

ingrédients

- 2 râbles de lièvre (demandez à votre boucher de désosser les râbles et gardez les os)
- 1 verre de vin rouge
- 1 verre de porto
- 10 cl de cognac
- 1 crépinette
- 150 g de foie gras d'oie ou de canard
- 1 carotte
- 1 oignon
- 2 baies de genièvre
- 1 clou de girofle
- Thym
- Laurier
- Fond de veau en boîte
- Sel, poivre du moulin

préparation

1. **Pelez et coupez** l'oignon et la carotte en rondelles. Faites revenir dans du beurre et de l'huile les os de lièvre avec l'oignon et la carotte. Quand les os ont bien coloré, ajoutez le cognac et flambez. Ajoutez le vin rouge, le porto, le thym, le laurier, le clou girofle, les baies de genièvre, puis faites réduire jusqu'à ce qu'il ne reste que 1 cm de liquide.

2. **Couvrez les os** d'eau et faites cuire 1 h 30 min a petit feu, en veillant à ce qu'il reste toujours de l'eau.

3. **Passez ce fond** de lièvre dans une passoire pour ne garder que le liquide (il devrait vous rester 50 cl de fond). Diluez dans le fond de lièvre du fond de veau en boite comme indiqué sur le paquet, puis faites réduire le fond jusqu'à ce qu'il reste un quart de litre.

4. **Coupez les râbles** en deux dans la longueur en faisant attention de ne pas les couper jusqu'au bout (comme une baguette pour un sandwich). Coupez le foie gras en quatre et farcissez-en les râbles. Salez et poivrez.

5. **Lavez la crépinette** à l'eau et coupez 4 rectangles de 20 cm x 10 cm. Posez les râbles dessus, rabattez les côtés vers le centre et roulez en serrant bien.

6. **Dans une poêle,** faites cuire les râbles dans de l'huile et du beurre pendant 5 min. Enlevez les râbles, videz la graisse qui reste au fond de la poêle et ajoutez le fond pour le réchauffer. Nappez les râbles de la sauce et servez.

ravioles de foie gras *et bouillon de volaille*

[Pour 4 personnes]

moyen **cuisson : 6 min** **préparation : 45 min**

ingrédients

- 24 feuilles de pâte à ravioles
- 300 g de foie gras d'oie ou de canard
- Ciboulette
- Cerfeuil
- Persil
- Coriandre
- Thym
- Laurier
- 1 bulbe de fenouil
- 1 oignon
- Bouillon de volaille
- 3 + 1 cuillères à soupe d'huile d'olive
- 50 g de beurre
- 50 g de parmesan râpé
- Sel, poivre du moulin

préparation

1 **Épluchez l'oignon** et coupez-le en fines lamelles. Coupez le fenouil en deux, enlever le cœur et tranchez-le en lamelles.

2 **Dans une casserole,** diluez le bouillon de volaille dans 1 litre d'eau, comme indiqué sur le paquet. Ajoutez l'oignon, le thym, le laurier et le fenouil. Faites bouillir jusqu'à ce qu'il ne reste que 1 cm de liquide dans la casserole. Hors du feu, en remuant vivement, incorporez le beurre coupé en petits cubes et 3 cuillères à soupe d'huile d'olive.

3 **Hachez la ciboulette,** la coriandre, le cerfeuil et le persil. Sur une feuille de papier sulfurisé fariné, étalez 12 carrés de raviole. Coupez le foie gras en 12 et, avec vos mains, formez des boules que vous aplatissez légèrement et que vous assaisonnez.

4 **Placez au centre** de chaque carré de pâte une boule de foie gras et saupoudrez de parmesan. Attention, il faut qu'il y ait un espace de 1,5 à 2 cm entre le foie gras et le bord du carré de pâte. À l'aide d'un pinceau, mouillez la pâte autour des boules de foie gras. Recouvrez d'une autre feuille de pâte et appuyez bien autour du foie gras pour la faire adhérer. Coupez l'excédent de pâte à l'aide d'un emporte-pièce rond ou d'un verre.

5 **Plongez les ravioles** 6 minutes dans une grande quantité d'eau salée bouillante avec une cuillère à soupe d'huile d'olive. Égouttez, déposez sur une assiette, versez la sauce par-dessus et saupoudrez avec les herbes.

strates de poireau *et de chorizo*

[Pour 4 personnes]

facile **cuisson : 45 min** **préparation : 1 h**

ingrédients

- 1 poireau
- 100 g de chorizo
- 100 g de gruyère râpé
- 3 œufs
- 20 g de farine
- 30 cl de lait

préparation

1. **Lavez le poireau** et coupez-le en tronçons de 1 cm.
2. **Cassez les œufs** dans un bol puis ajoutez le lait, la farine et mélangez
3. **Badigeonnez d'un peu d'huile** un plat carré allant au four et faites-y adhérer une feuille de papier sulfurisé.
4. **Tapissez le fond** du plat d'une couche de poireau, couvrez avec le mélange de lait, saupoudrez de gruyère et placez d'une couche de chorizo. Recommencez l'opération jusqu'à épuisement des ingrédients.
5. **Faites cuire** dans un four à 150 °C (thermostat 4) pendant 45 min à 1 heure.
6. **Laissez refroidir** complètement au réfrigérateur, puis retournez le plat sur une planche à découper et enlevez délicatement le papier de cuisson.
7. **Coupez la strate** en quatre parts et servez.

suprême de poulet *au lard et au foie gras*

[Pour 4 personnes]

facile **cuisson : 20 min** **préparation : 30 min**

ingrédients

- 4 blancs de poulet
- 150 g de foie gras d'oie ou de canard
- 1 tomate
- 2 cuillères à soupe d'huile de noix
- 1 cuillère à soupe de vinaigre balsamique
- 50 g de beurre
- 10 brins de ciboulette
- 4 feuilles de basilic
- 1/2 litre de fond de volaille
- 5 cl de porto blanc
- 1 échalote
- 8 tranches de lard salé pré-tranché
- Sel, poivre du moulin

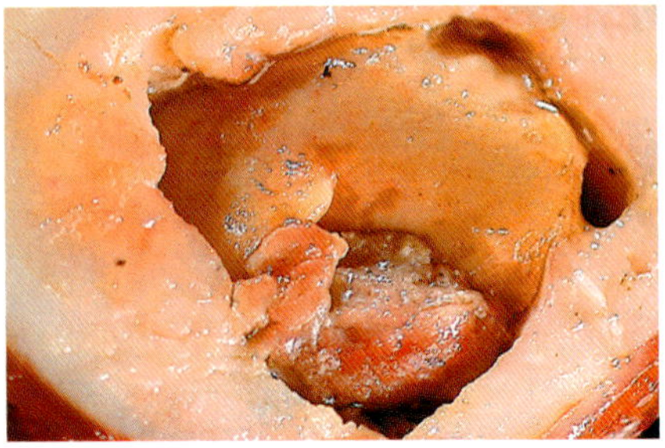

préparation

1. **Fendez profondément** les blancs de poulet dans le sens de la longueur.
2. **Divisez le foie gras** en quatre, assaisonnez les parts et moulez-les en boudins que vous insérez dans les blancs de poulet avec une feuille de basilic.
3. **Étalez deux tranches** de lard, déposez un blanc de poulet et rabattez les tranches de lard par-dessus. Hachez l'échalote. Ciselez la ciboulette.
4. **Incisez la peau** des tomates, plongez-les dans l'eau bouillante pendant 2 minutes, pelez-les et épépinez-les. Coupez la chair en petits dés.
5. **Faites dorer** les blancs de poulet à feu vif, puis baissez le feu et laissez cuire à feu doux pendant 15 min.
6. **Retirez les blancs** de poulet, faites revenir les échalotes dans la poêle, ajoutez le vinaigre et le porto blanc, puis flambez.
7. **Ajoutez dans la poêle** le fond de volaille et les tomates et portez à ébullition. Ajoutez l'huile de noix et le beurre coupé en petits dés, puis hors du feu, remuez vigoureusement avec une fourchette.
8. **Lorsque le beurre** a complètement fondu, ajoutez la ciboulette et nappez les blancs de volaille.

tartines à l'ail

[Pour 4 personnes]

facile **cuisson : 30 min** **préparation : 5 min**

ingrédients

- 16 gousses d'ail
- 8 tranches de pain de campagne
- 6 cuillères à soupe d'huile d'olive
- Thym
- Laurier
- Romarin
- Sel de Guérande, poivre du moulin

préparation

1. COUPEZ UNE GRANDE FEUILLE de papier aluminium et placez au centre les gousses d'ail non pelées, l'huile d'olive et les herbes.
2. SALEZ PLIEZ hermétiquement la feuille d'aluminium et enfournez 25 minutes dans un four chaud à 180° (thermostat 5).
3. TOASTEZ LES TRANCHES de pain de campagne, puis coupez-les en deux.
4. PELEZ LES GOUSSES D'AIL et tartinez les toasts avec la chair. Arrosez ensuite avec l'huile de cuisson de l'ail.
5. RECTIFIEZ L'ASSAISONNEMENT et servez.

terrine de foie gras *aux figues*

[Pour 4 personnes]

facile **cuisson : 30 min** **préparation : 30 min**
marinade : 24 h **repos : 24 h**

ingrédients

- 400 g de foie gras d'oie ou de canard
- 80 g de figues sèches
- 5 cl de cognac
- 5 cl de porto
- 1 sachet de thé Earl Grey
- Sel, poivre du moulin

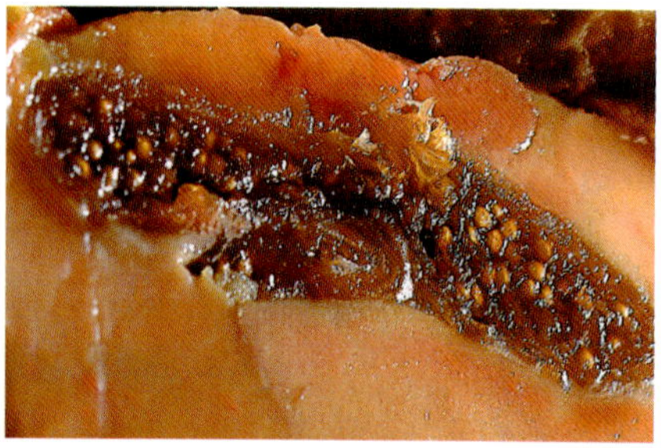

préparation

1. COUPEZ LE FOIE GRAS en deux dans le sens de la longueur et dénervez-le.
2. VERSEZ DE L'EAU BOUILLANTE sur les figues, ajoutez un sachet de thé Earl Grey, puis laissez gonfler 30 min. Égouttez.
3. ASSAISONNEZ GÉNÉREUSEMENT le foie gras et laissez-le mariner avec le porto et le cognac pendant 24 heures au réfrigérateur.
4. PLACEZ UNE MOITIÉ de foie gras au fond d'une terrine, déposez les figues au centre et recouvrez de l'autre moitié de foie gras.
5. PLACEZ LA TERRINE dans un bain-marie et enfournez dans un four chaud à 120° (thermostat 3), pendant 20 minutes. Il faut que le centre de la terrine soit tiède.
6. SORTEZ LA TERRINE du four, placez dessus une autre terrine de la même taille remplie d'eau et mettez au réfrigérateur pendant 24 heures (cette opération va permettre de presser la terrine et de faire sortir la graisse).

terrine de foie gras *et pieds de porc*

[Pour 4 personnes]

facile **cuisson : 30 min** **préparation : 45 min**
marinade : 24 h **repos : 24 h**

ingrédients

- 400 g de foie gras d'oie ou foie de canard
- 2 pieds de porc cuits
- 5 cl de cognac
- 5 cl de vin blanc sec
- 1 pointe de cannelle en poudre
- Sel, poivre du moulin

préparation

1. COUPEZ LE FOIE GRAS en deux dans le sens de la longueur et dénervez-le.

2. ASSAISONNER GÉNÉREUSEMENT le foie gras et laissez-le mariner avec le vin blanc, la cannelle et le cognac pendant 24 heures au réfrigérateur.

3. FAITES CHAUFFER les pieds de porc au four à micro-ondes pendant 10 min à 500 W. Retirez ensuite la chair et hachez-la.

4. PLACEZ LA MOITIÉ du foie gras au fond d'une terrine, puis déposez une couche de pieds de porc et recouvrez de l'autre moitié de foie gras.

5. PLACEZ LA TERRINE dans un bain-marie et enfournez dans un four chaud à 120° (thermostat 3), pendant 20 minutes. Il faut que le centre de la terrine soit tiède.

6. SORTEZ LA TERRINE du four, placez dessus une autre terrine de la même taille remplie d'eau et mettez au réfrigérateur pendant 24 heures (cette opération va permettre de presser la terrine et de faire sortir la graisse).

index

Allumettes au fromage, **4.**
Bouchées de Saint-Jacques au lard, **6.**
Brochettes périgourdines, **8.**
Calamar géant en persillade, **10.**
Club sandwich au chèvre frais, **12.**
Cocktail de crevettes et fèves, crème fleurette, **14.**
Cocktail de melon et de tomates, **16.**
Cornets californiens, **18.**
Coupe surprise, **20.**
Fajitas, **22.**
Feuilles de brick au saumon et au fromage blanc, **24.**
Foie gras poêlé aux épices, **26.**
Foie gras chaud et chutney de banane, **28.**
Foie gras en torchon, citron vert et salade thaï, **30.**
Foie grans en torchon, confiture de figues et citron, **32.**
Foie gras poêlé au curry et petits légumes croquants, **34.**
Foie gras poêlé et choux, **36.**
Foie gras poché et langoustines poêlées, **38.**
Kefta de gambas, **40.**
Omelette des artistes, **42.**
Mini-brochettes de poulet à l'aigre-doux, **44.**
Parmentier de foie gras, **46.**
Pressé de jarret au foie gras, **48.**
Râble de lièvre en crépinette et foie gras, **50.**
Ravioles de foie gras et bouillon de volaille, **52.**
Strates de poireau et de chorizo, **54.**
Suprême de poulet au lard et au foie gras, **56.**
Tartines à l'ail, **58.**
Terrine de foie gras aux figues, **60.**
Terrine de foie gras et pieds de porc, **62.**

Ouvrage collectif créé par Losange
Avec la collaboration de : Luc Verney-Carron, Samuel Butler, Patrick André, Jean Arbeille, Hervé Chaumeton

Coordination éditoriale : Sophie Jutier
PAO : Francis Rossignol, Isabelle Véret
Photogravure : Stéphanie Henry, Chantal Mialon

ISBN : 2-84416-384-X
N° d'éditeur : 84416
Dépôt légal : octobre 2005

Achevé d'imprimer : septembre 2005
Imprimé en Slovaquie par Polygraf Print GmbH, Presov